KB082285

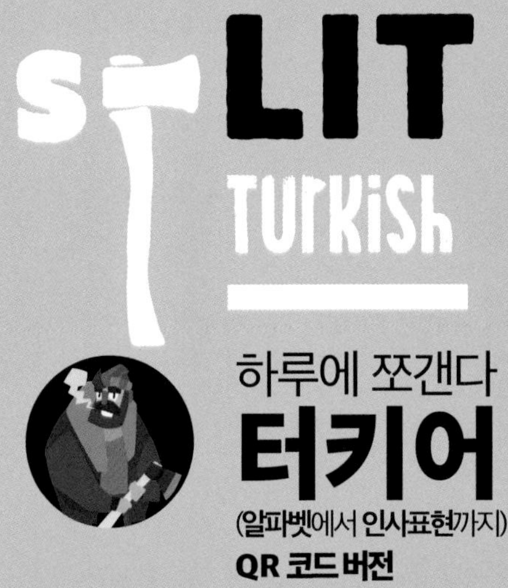
SPLIT
TURKISH
하루에 쪼갠다
터키어
(알파벳에서 인사표현까지)
QR 코드 버전

하루에 쪼갠다 터키어 (알파벳에서 인사표현까지) QR 코드 버전

저자 _ 김종일

발행 _ 2021.04.18

펴낸이 _ 한건희

펴낸곳 _ 주식회사 부크크

출판등록 _ 2014.07.15.(제2014-16호)

주소 _ 서울 금천구 가산디지털1로 119, SK트윈타워 A동 305호

전화 _ 1670 - 8316

www.bookk.co.kr

출판기획 _ **enBergen** (엔베르겐)

디자인 _ **enbergen3@gmail.com**

ISBN 979-11-372-4235-7

값은 표지에 있습니다.

Split it in 1 day

말하기 연습용 **MP3** 파일은
https://bit.ly/3fKHNVL
에서 무료로 이용할 수 있습니다.

QR 코드 리더 앱을 사용하시면
더욱 간편하게 **MP3** 파일을
청취/연습할 수 있습니다.

intro

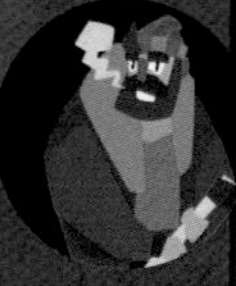

하루에 쪼갠다 XXX 시리즈에 대하여 :

'하루에 쪼갠다 XXX' 시리즈는 포스트 코로나,
뉴노멀 시대의 우리 모두를 위해 기획하였습니다.

'하루에 쪼갠다 XXX' 시리즈는
부담 없이 막간을 활용하여 핵심 지식을 챙기는
모든 분야를 망라한
자가발전 교양/학습 시리즈입니다.

'하루에 쪼갠다 XXX' 시리즈는
콤팩트한 포맷, 편하게 접근 가능한 가성비 높은,
전국민 문고 시리즈입니다.

'하루에 쪼갠다 XXX' 시리즈는
누구나 작가가 되어 자신의 콘텐츠를 나눌 수 있는
미니멀 콘텐츠 플랫폼을 추구합니다.

'하루에 쪼갠다 XXX' 시리즈와 함께
즐거운 취미/교양/문화 생활을 열어 나가길 기대합니다.

-'하루에 쪼갠다 XXX' 시리즈 저자 그룹 일동-

하루에 쪼갠다 터키어의 학습에 대하여 :

'하루에 쪼갠다 터키어 (알파벳에서 인사표현까지)'는
부담 없이 가장 빠른 시간 안에 터키어의 알파벳에서
인사표현, 숫자 읽기까지 한꺼번에 해결하는 '해결책'입니다.

터키어를 완전 처음 시작하는
학습자들에게 전혀 부담이 없도록 구성하였습니다.

'하루에 쪼갠다 터키어 (알파벳에서 인사표현까지)'는
터키어의 모음과 자음 각각의 특징을 확인하고
영어 알파벳과 비교하면서 최대한 이해를 넓혀 나갈 것입니다.

알파벳과 발음법이 정리되면 터키어의 대표적인
인사표현들로 터키어 문장에 도전합니다.

그리고 끝으로 부록부에서는 지금까지 배운 내용을 토대로
우리의 생활 속 깊숙이 들어와 있는 '터키어를
대표하는 표현'과 '터키어 숫자 읽기' 등으로 연습합니다.

이렇게 하면 우리는 순식간에 터키어의
알파벳에서 인사표현까지 딱! 하루 만에 쪼개는
감격적인 순간을 만끽할 수 있을 것입니다.

Contents

SPLIT IT IN 1 DAY

We can split it in 1 sitting.

SPLIT IT IN 1 DAY

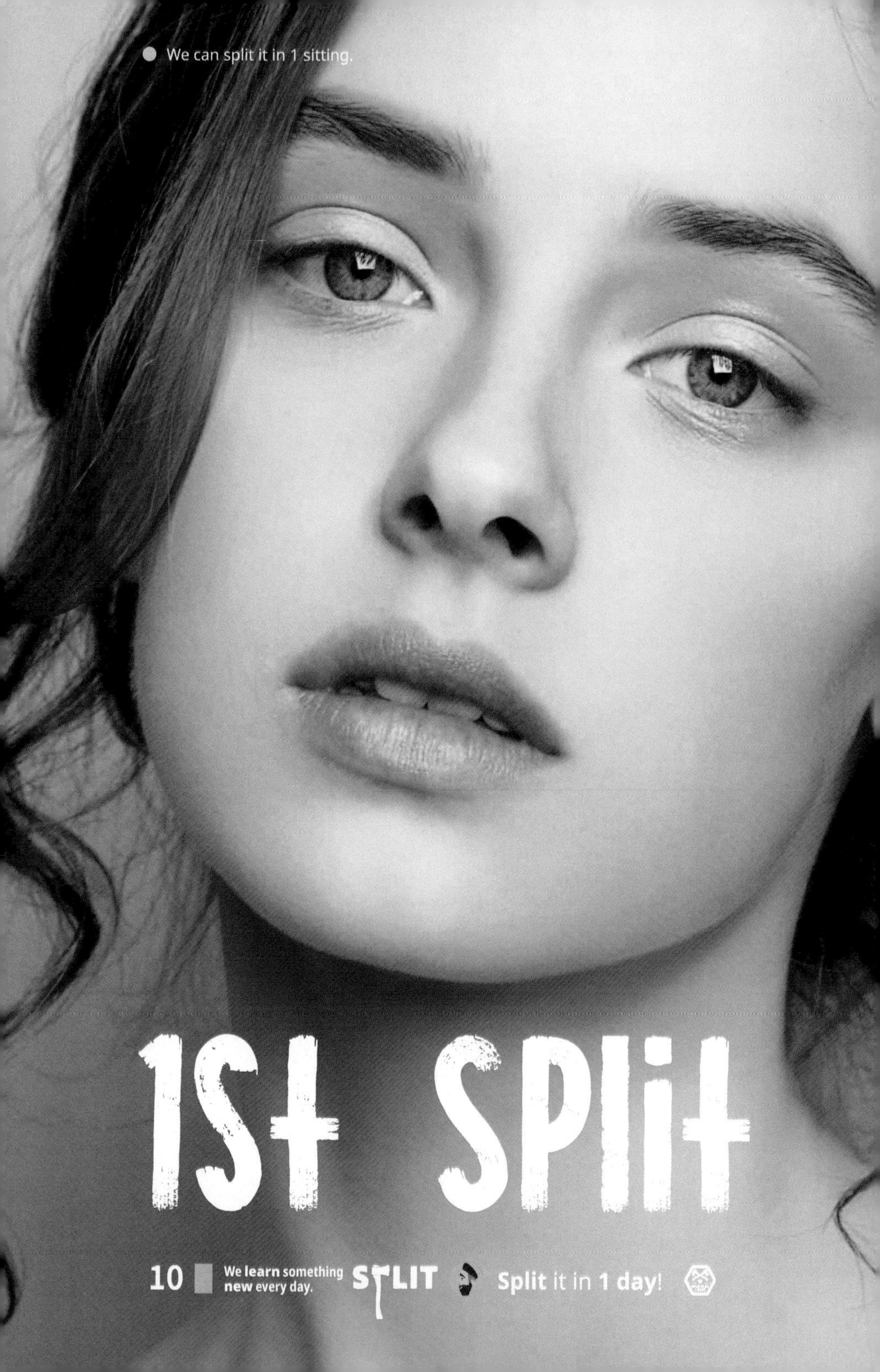

We can split it in 1 sitting.

1st Split

SPLIT it in 1 day

1st Split.
터키어의 **알파벳**

터키어의 알파벳,
Alfabe [알파베]를 만납니다.
영어의 알파벳과 비교하며 익히면
빠르게 친해질 수 있습니다.

1st Split.
터키어의 **알파벳**

1st Split. 터키어의 알파벳
❶ 터키어 알파벳의 이해

● 현대 터키어 문자는 1923년 터키 공화국의 시작과 함께 탄생됩니다.

터키의 국부이자 초대 대통령인 아타튀르크(**Atatürk**)는
오스만터키 제국 이래 사용해왔던 아랍 문자를 포기하고,
라틴 알파벳 체제로 개혁을 단행합니다.

아타튀르크 대통령은 국민이 좀 더 쉽게 읽고 쓸 수 있게 하는 것이
진정한 국가 발전의 길이라 여기고 5년 동안의 연구 끝에
1928년 당시의 모든 터키어 발음을 29개의 라틴문자로 표기하는
문자 개혁안을 완성합니다.

그래서 현대 터키어 알파벳은 8개의 모음과 21개의 자음,
총 29개의 문자로 이루어져 있고,
별도의 발음기호가 필요 없이,
간단하게 자음들에 8개 모음의 조합으로 발음이 완성됩니다.

자! 그러면 지금부터 터키어 알파벳을 만나 보겠습니다.
먼저 한 번 찬찬히 살펴봐 주십시오!

하루에 쪼갠다
터키어
알파벳에서 **인사표현**까지

먼저 전체적으로 한 번 듣고, 영어와는 어떻게 다른지 확인해 봅시다!

Aa
아[ㅏ]

알파벳 대문자 / 소문자
알파벳 이름 **[우리말 음가]**

A a 아[ㅏ] T00-01	**B b** 베[ㅂ] T00-02	**C c** 제[ㅈ] T00-03
Ç ç 체[ㅊ] T00-04	**D d** 데[ㄷ] T00-05	**E e** 에[ㅔ] T00-06
F f 페[ㅍ] T00-07	**G g** 게[ㄱ] T00-08	**Ğ ğ** 유무샥 게[묵음] T00-09
H h 헤[ㅎ] T00-10	**I ı** 으[ㅡ] T00-11	**İ i** 이[ㅣ] T00-12

1st Split.
터키어의 **알파벳**

J j 줴 [궤] T00-13	**K k** 케 [ㅋ] T00-14	**L l** 레 [ㄹ] T00-15
M m 메 [ㅁ] T00-16	**N n** 네 [ㄴ] T00-17	**O o** 오 [ㅗ] T00-18
Ö ö 외 [ㅚ] T00-19	**P p** 페 [ㅍ] T00-20	**R r** 레 [ㄹ] T00-21
S s 쎄 [ㅆ] T00-22	**Ş ş** 쉐 [쉐] T00-23	**T t** 테 [ㅌ] T00-24
U u 우 [ㅜ] T00-25	**Ü ü** 위 [ㅟ] T00-26	**V v** 웨 [웨] T00-27

Yy
예 [ㅔ]
T00-28

Zz
제 [ㅈ], 쎄 [ㅆ]
T00-29

1st Split.
터키어의 **알파벳**

1st Split. 터키어의 알파벳
❷ 터키어의 모음 8가지

● 터키어의 모든 발음은 바로 이 8개의 모음에 의해 좌우됩니다.

영어의 모음처럼 상황에 따라 발음이 바뀌지 않으며,
오직 하나의 모음이 하나의 소리로만 발음됩니다.

이것이 바로 터키어의 발음이 단순 명확할 수 있는 이유입니다.
모든 터키어 단어는 8개의 모음에 의해 읽혀지는 것이며,
하나의 모음이 하나의 음절을 만드니까
모음의 갯수대로 끊어서 발음하면 그것으로 발음법은 해결됩니다.

자! 8개의 모음 가운데 5개는 우리가 이미 알고 있는,
'아, 에, 이, 오, 우'입니다.
터키어 대표 모음 5가지, **A a** (아) [ㅏ], **E e** (에) [ㅔ], **İ i** (이) [ㅣ],
O o (오) [오], **U u** (우) [ㅜ]를 소개합니다.

T01-01 **A a**
아 [ㅏ]

T01-02 **E e**
에 [ㅔ]

T01-03 **İ i** 이 [ㅣ]

T01-04 **O o** 오 [ㅗ]

T01-05 **U u** 우 [ㅜ]

aa나 **oo**와 같은 중모음의 경우, 영어는 **root** [루트], **book** [북]에서 [ㅗ] 가 [ㅜ]로 바뀌지만, 터키어는 아예 단어의 형성 단계에서부터 같은 모음이 두 개 이상 연이어 나오는 경우를 배제하였습니다.

간혹 외래어를 표기하기 위해 불가피하게 사용해야 할 때도 **saat** [싸-앗]처럼 그냥 길게 발음하는 '장음화'만 이루어집니다.

그리고 영어는 **manager**를 [매니저]로 읽고, **computer**를 [컴퓨터]로 읽지만 터키어에서는 '1모음=1음절' 규칙을 철저하게 지키기 때문에 **manager**는 [마나게르], **komputer**는 [콤퓨테르]라고 읽습니다.

1st Split. 터키어의 **알파벳**

1st Split. 터키어의 알파벳
❸ 터키어의 특별한 모음 3가지

● 독특한 모양의 터키어 모음이 3가지 더 있습니다.

T01-06 **I ı** 으 [ㅡ]

T01-07 **Ö ö** 외 [ㅚ]

T01-08 **Ü ü** 위 [ㅟ]

영어의 **I i**가 터키어에서는 두 가지로 나뉩니다.
하나는 **İ i** [이]로, 다른 하나는 **I ı** [으]로 읽습니다.
즉 영어 **I i**에 점이 없으면 전부 [으]로,
점이 있으면 전부 [이]로 읽어야 합니다.

이렇듯 변형된 형태의 모음을 '변모음'이라고 합니다.
변모음은 터키의 지명이나 이름에서 쉽게 만날 수 있습니다.

T01-09 **İstanbul**
[이스탄불] 이스탄불

T01-10 **ırmak**
[으르막] 강

위에서처럼, 영어의 **i**가 대문자이든 소문자이든 점이 있느냐 없느냐를 보면 쉽게 구분할 수 있으며, 점이 없으면 무조건 [으], 있으면 [이]로 읽습니다. 그러므로 '이스탄불'을 표기할 때, 대문자에도 점이 있어야 이스탄불이고, 만약 없다면, '으스탄불'로 읽어야만 합니다.

Ö ö (외) 발음은 우리 말의 [ㅚ] 발음에 가장 가깝습니다.

T01-11 **döner kebap**
[되네르 케밥] 되네르 케밥

T01-12 **göbek dansı**
[괴벡 단스] 밸리댄스

이 발음은 우리 말의 [ㅟ] 발음에 가장 유사하지만 사실 완전히 같지는 않습니다. 그래도 가장 가까운 발음을 먼저 찾아서 반복해서 연습을 한다면 조만간 정확한 발음을 하게 될 것입니다.

T01-13 **otobüs**
[오토뷔스] 버스

T01-14 **Atatürk**
[아타튀르크] 터키 초대 대통령

1st Split.
터키어의 **알파벳**

1st Split. 터키어의 알파벳
❹ 터키어의 자음들

터키어 자음(21개)은 모음과 조합하여 그대로 읽고 발음하면 됩니다. 대부분 상식적으로 발음되기 때문에 정직한 발음 시스템이라고 할 수 있습니다. 터키어 자음 발음의 핵심은 자음 소리 다음에 모음 **e** [ㅔ]를 결합해서 읽는다는 것입니다.

그런데 특별히 주의해야 할 자음들이 몇 가지 있습니다. 터키어 자음 21개 안에는 영어에 있는 **Q q, W w, X x** 3개가 없고, 대신 영어에 없는 **Ç ç** (체), **Ğ ğ** (유무샤 게), **Ş ş** (쉐) 3개가 더 있습니다. 특별한 자음 **Ç ç** (체), **Ş ş** (쉐)는 **C c**와 **S s**에 '돼지꼬리'가 달려 있습니다.

그리고 **Y y** (예)는 분명 자음이지만 실제적으로 단어 안에서는 모음 [이]로 발음해야하는 '준모음'입니다.

또한 **Z z**는 (제)라고 하면 진짜 (제)로 읽어야 하는 **C c**와 혼동될 수 있기 때문에 거의 [쎄]에 가까운 소리가 나도록 발음해야 합니다.

T01-15 **Çankaya**
[찬카야] 찬카야 (지명)

T01-16 **şemsiye**
[쉠씨예] 우산

T01-17 **yıl**
[이을] 해/년

T01-18 **zeytin**
[쎄이틴] 올리브

터키어에서 **C c**는 [제]로 발음합니다.

그리고 자음 **Ğ ğ** (유무샤 게)로 시작하는 터키어 단어는 존재하지 않으며, 오직 단어의 중간에서만 사용됩니다. 아울러 '유무샤 게'는 발음을 하지 않는 묵음이며, 단지 자기 앞에 있는 모음을 살짝 길게(장음화) 늘려주는 역할을 합니다. **Ğ ğ** (유무샤 게)는 별도의 발음부호가 없으며, 부드럽다는 뜻의 '유무샤' (**soft**) **g** (게)로 부릅니다.

T01-19 **Cengiz**
[젠기쓰] (남자 이름)

T01-20 **yağmur**
[야-무르] 비(雨)

1st Split.
터키어의 **알파벳**

1st Split. 터키어의 알파벳
❺ 1st Split.의 핵심단어 발음연습 코너!

● **1st Split.** 의 '핵심단어'를 연습합니다.

T01-01 **A a** [ㅏ]아

T01-02 **E e** [ㅔ]에

T01-03 **İ i** [ㅣ]이

T01-04 **O o** [ㅗ]오

T01-05 **U u** [ㅜ]우

T01-06 **I ı** [ㅡ]으

T01-07 **Ö ö** [ㅚ]외

T01-08 **Ü ü** [ㅟ]위

T01-09 **İstanbul** **[이스탄불]** 이스탄불

T01-10 **ırmak** **[으르막]** 강

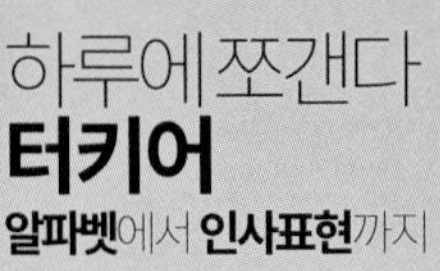

1st Split. 의 '핵심단어'를 연습합니다.

T01-11 **döner kebap**
[되네르 케밥] 되네르 케밥

T01-12 **göbek dansı**
[괴벡 단스] 밸리댄스

T01-13 **otobüs**
[오토뷔스] 버스

T01-14 **Atatürk**
[아타튀르크] 터키 초대 대통령

T01-15 **Çankaya**
[찬카야] 찬카야 (지명)

T01-16 **şemsiye**
[쉠씨예] 우산

T01-17 **yıl**
[이을] 해/년

T01-18 **zeytin**
[쎄이틴] 올리브

T01-19 **Cengiz**
[젠기쓰] (남자 이름)

T01-20 **yağmur**
[야-무르] 비(雨)

- We can split it in 1 sitting.

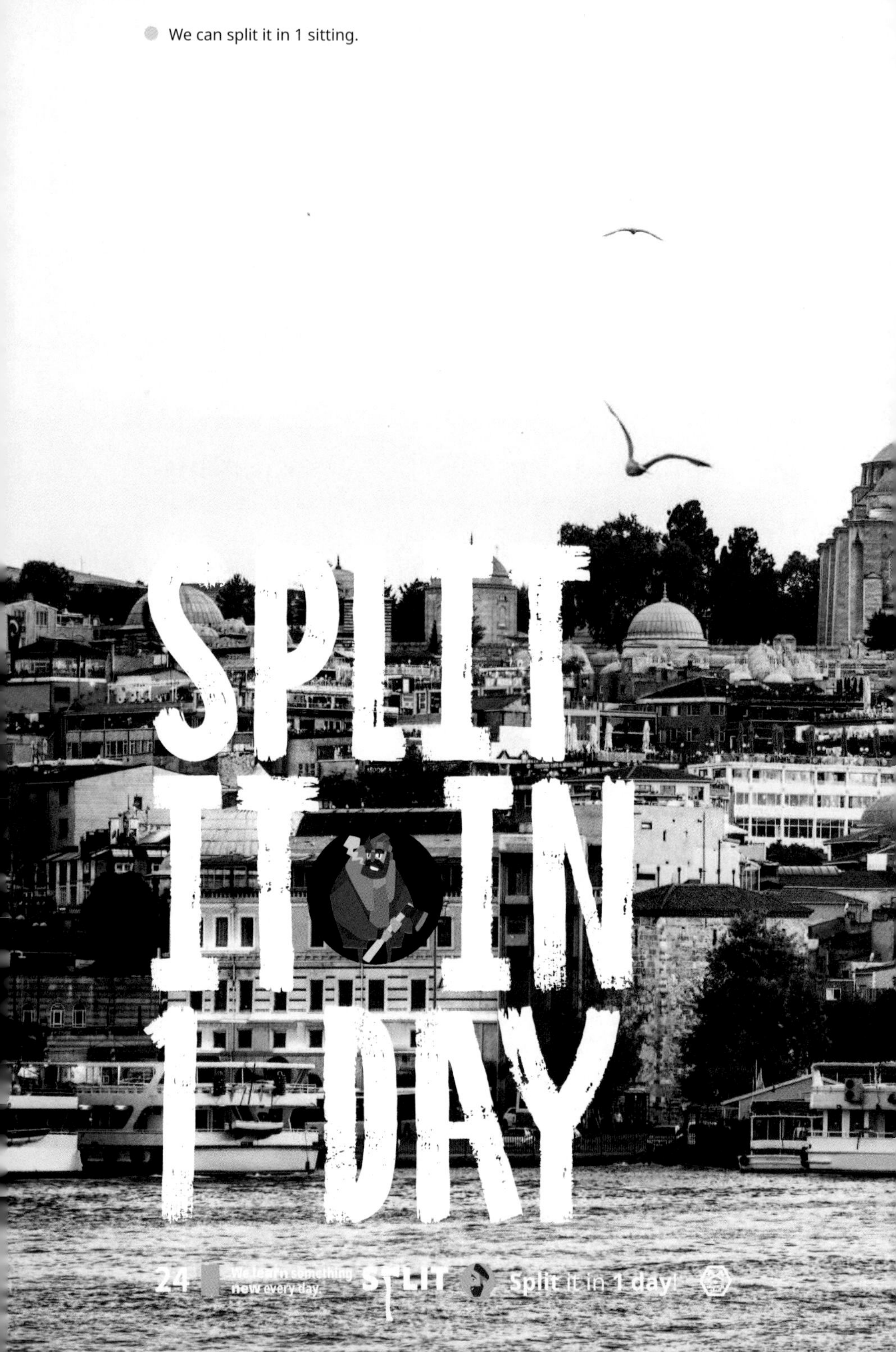

We can split it in 1 sitting.

d Split

SPLIT it in 1 day

2nd Split.
터키어의 숫자로 확인하는 발음법

1부터 12까지의 숫자를 이용하여
지금까지 학습한 터키어 발음법을 확인해보겠습니다.

2nd Split.
터키어의 **숫자로 확인하는 발음법**

2nd Split. 터키어의 숫자로 확인하는 발음법
❶ 터키어의 숫자 1~12

T02-01

1 bir
[비르]

터키어 발음 중에 다소 주의가 필요한 것이 바로 **r** [레]입니다.
r의 발음은 위치에 따라 두 가지로 나뉩니다.
즉, **r**로 단어가 시작할 때는 최대한 혀를 굴려 발음해야 하고,
r로 단어가 끝날 때는 **bir**에서와 같이 [비 ㄹ]처럼 읽습니다.
(표기는 편의상 [비르]로 하겠습니다.)

T02-02

2 iki
[이키]

터키어의 모든 발음은 모음의 수, 즉 음절의 수와 중요한 관계를 가지고 있습니다. 즉, '모음 + 자음 + 모음'의 형태를 취하는 2음절 단어이기 때문에 **iki**는 비록 짧은 단어일지라도 엄연히 2음절([이 키])입니다.

T02-03

3 üç
[위츠]

우리에게 다소 낯선 변모음이 나왔습니다.
정확한 소리는 '위츠'를 하나의 소리로 발음하면 됩니다.

T02-04

4 dört

[될트]

4개의 알파벳으로 이루어져 있으나 모음이 하나이므로 1음절로 읽어야 합니다. [될트]가 아니고 앞 발음인 [될]을 강하게 발음하면 뒤의 [트]는 자연스럽게 약하게 발음이 되서 [될ㅌ]로 발음하게 됩니다.

T02-05

5 beş

[베쉬]

자음 **s**에 '돼지꼬리'가 달린 **ş** (쉐)가 등장했습니다.
이 역시 모음이 하나로 된 1음절 단어이므로 너무 강하게 [베쉬] 하면 **beşi**라는 2음절 단어가 되기에 '베'에 강세를 주되,
그 다음의 '쉬'를 약하게 발음하면 됩니다.

T02-06

6 altı

[알트]

'점 없는 아이', **I ı** (으)를 기억합니다. 이 단어는 모음이 두 개 있으므로 2음절 단어이며, [알트]로 정확하게 구분하여 발음합니다.

참고로, '점 없는 아이'가 없는 **alt**는 모음이 하나이므로 [알ㅌ]로 발음하며, '아래/밑'이라는 뜻이므로 발음을 구별해야 합니다.

2nd Split.
터키어의 숫자로 확인하는 발음법

T02-07

7 yedi
[예디]

터키어에서 **y**의 발음은 [**i**]입니다.
그러므로 **yedi**의 정확한 한글 표기는 [이에디]가 됩니다.
([이에]를 빨리 읽으면 [예]로 소리가 나기 때문에 [예]로 표기하겠습니다.)

T02-08

8 sekiz
[쎄키쓰]

이 단어는 모음이 두 개이므로 2음절 단어입니다. 그러니까 [세키쓰]로 읽으면 3음절, [쎄키ㅆ]로 읽으면 2음절 단어입니다. 기존의 터키어 교재들이 **s**를 [ㅅ]으로만 표기했는데, 사실은 [ㅆ]에 더 가깝습니다.

z [쎄] 발음도 조금 까다롭습니다. [제]와 [쎄]의 딱 중간 발음이 가장 올바른 표기입니다. (**s**와 **z**의 발음의 정확한 발음 표기가 어려우니 편의상 둘 다 [쎄]로 발음하도록 하겠습니다.)

뱀이 기어가는 소리를 말하곤 할 때, "쓰~~"라고 하는데, **z** 발음이 이와 매우 유사합니다. **z** 발음을 제대로 하느냐 못 하느냐에 따라 '터키어를 잘한다 못 한다'가 판가름 될 정도로 다소 까다로운 발음입니다.

T02-09

9 dokuz

[도쿠쓰]

2개의 모음(**o**, **u**)으로 2음절 단어입니다. 이 단어도 **z** 발음에 유의해서 [도쿠즈] 보다는 [도쿠쓰] 쪽으로 발음하는 것이 좋습니다.

T02-10

10 on

[온]

지금까지 나온 숫자들 중에서 발음이 가장 원만한 10, '온'입니다.

T02-11

11 on bir

[온 비르]

10 이후의 숫자는 규칙적인 조합으로 이루어집니다.
때문에 발음도 쉽습니다. 11은 10 + 1, 즉 **on bir** [온 비르]입니다.

T02-12

12 on iki

[온 이키]

12 역시 마찬가지로 **on** [온] (10)과 **iki** [이키] (2)의 조합입니다.

2nd Split.
터키어의 숫자로 확인하는 발음법

2nd Split. 터키어의 숫자로 확인하는 발음법
❷ 터키어 음절의 결정적 6규칙

● 여기서 잠깐 터키어의 음절에 따른 단어 형성 규칙을 정리하고 넘어가겠습니다.

터키어 단어는 딱 6가지 규칙으로 만들어집니다.
아무리 긴 단어라 할지라도 결국은 '6규칙'의 조합에 불과합니다.
만약 6규칙에 부합하지 않는 단어가 있다면 그것은 100% 외래어입니다.

❶ 모음단독	**o** [오]	
❷ 모음+자음	**at** [앗]	**el** [엘]
❸ 자음+모음	**bu** [부]	**de** [데]
❹ 모음+자음+자음	**alt** [알트]	**üst** [위스트]
❺ 자음+모음+자음	**bez** [베쓰]	**dil** [딜]
❻ 자음+모음+자음+자음	**kurt** [쿨트]	**Türk** [튀르크]

이상의 규칙 때문에 터키 사람들은 '서울'을 **Seul** [쎄울]로 발음합니다.
Seoul로 하면 모음이 세 개나 연속되는 상황이고,
결국 터키어의 음절 규칙을 벗어나게 되는 것입니다.

물론 외래어로 간주해서 그냥 무시할 수도 있겠지만,
터키는 우리 '서울'을 외래어로 취급하지 않는 것 같습니다.
(한국 전쟁의 인연으로 양국이 '혈맹'이라서 그런 것일까요?)

2nd Split.
터키어의 **숫자로 확인하는 발음법**

2nd Split. 터키어의 숫자로 확인하는 발음법
❸ 2nd Split.의 핵심단어 발음연습 코너!

● **2nd Split.**의 핵심단어를 연습합니다.

T02-01 **bir**
[비르] 1

T02-02 **iki**
[이키] 2

T02-03 **üç**
[위츠] 3

T02-04 **dört**
[될트] 4

T02-05 **beş**
[베쉬] 5

T02-06 **altı**
[알트] 6

T02-07 **yedi**
[예디] 7

T02-08 **sekiz**
[쎄키쓰] 8

T02-09 **dokuz**
[도쿠쓰] 9

T02-10 **on**
[온] 10

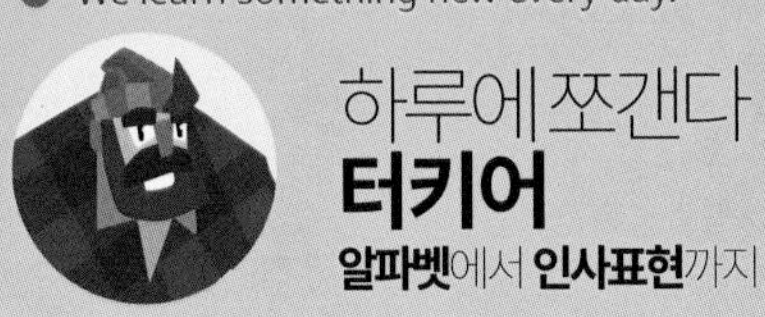

2nd Split.의 핵심단어를 연습합니다.

T02-11	**on bir** [온 비르] 11	T02-12	**on iki** [온 이키] 12

We can split it in 1 sitting.

SPLIT IT IN 1 DAY

3rd Split

SPLIT it in 1 day

3rd Split.
터키어의 **발음 규칙**

터키어를 부드럽고 아름답게 만드는
음운 규칙이 있습니다.
터키어의 아주 중요한 특징인
'음운조화'를 만나보겠습니다.

3rd Split.
터키어의 **발음 규칙**

3rd Split. 터키어의 발음 규칙
❶ 터키어의 음운조화

● 실크로드를 따라 포진한 많은 튀르크 국가들.
중앙아시아의 여러 나라에서 유럽의 끝자락에 위치한 터키공화국까지 수많은 튀르크인이 살고 있습니다. 중요한 것은 이들 튀르크 국가의 언어가 하나의 뿌리에서 나와 세분화되었고, 가장 규칙적으로 정돈되어 발전한 것이 바로 터키 공화국의 터키어입니다. 터키어를 알면 여러 튀르크 국가의 언어를 매우 쉽게 배울 수 있습니다. (방언 정도의 차이가 있습니다.)

현대 터키어 문법의 가장 독특한 특징이 바로
'음운조화'(**Ses Uyumu**) [쎄쓰 우유무]입니다.
음운조화란 특정한 음끼리 서로 모이려는 특성을 말하는데,
음운조화를 알면 터키어로 문장을 완성할 수 있게 됩니다.
터키어에는 3가지 음운조화가 있습니다.
(모음조화, 자음조화, 모음-자음조화)

3rd Split. 터키어의 발음 규칙
❷ 터키어의 모음조화

● 터키어는 8개의 모음이 2개씩 서로 어울립니다.

모음들의 '끼리끼리' 규칙이라고 말할 수 있습니다.
그러니까 모음 8개가 4개의 커플로 움직인다는 것입니다.
이런 특성은 단어 끝에 붙는 어미들의 형성 규칙이 됩니다.
터키어 단어 끝에 붙는 어미는 우리말의 조사에 해당됩니다.

터키어의 모음조화표

	평구개음		원구개음	
후설모음	**a** [아]	**ı** [으]	**o** [오]	**u** [우]
전설모음	**e** [에]	**i** [이]	**ö** [외]	**ü** [위]

터키어 단어에 어미가 붙는 과정에서 생기는 '모음조화'는 전부 이상의 모음조화 표에 의해 결정됩니다. 입술의 모양에 따라서 평구개음과 원구개음, 혀의 위치에 따라서 전설모음과 후설모음이 있으며, 평구개음은 평구개음끼리, 전설모음은 전설모음끼리 모이는 원칙이 모음조화입니다.
즉, '평-평, 원-원, 전-전, 후-후'의 원칙입니다.

터키어에서 이러한 모음조화 규칙이 필요한 곳은 크게 두 곳입니다.
하나는 명사에 격어미를 붙일 때이고,
다른 하나는 동사의 인칭변화어미와 시제변화어미를 붙일 때입니다.

3rd Split.
터키어의 **발음 규칙**

예를 들어 마지막 모음이 **a**로 끝나는 단어에 붙일 수 있는 어미는 **a, ı** 중 하나이며, **e**로 끝나는 단어에 붙일 수 있는 어미는 **e, i** 중 하나가 되는 식입니다. (외래어는 예외)

● **bakkal** [박칼] 가게, **ev** [에브] 집, **-e/a** [에/아] ~으로, **-ı/i** [으/이] ~을/를

T03-01 **bakkal**
[박칼] 가게

T03-02 **bakkala**
[박칼라] 가게로

T03-03 **bakkalı**
[박칼르] 가게를

T03-04 **ev**
[에브] 집

T03-05 **eve**
[에베] 집으로

T03-06 **evi**
[에비]집을

3rd Split. 터키어의 발음 규칙
❸ 터키어의 자음조화

● 어떤 단어의 끝이 무성자음,
그러니까 **ç** (체), **k** (케), **p** (페), **t** (테) 등으로 끝나면서
유성자음, 즉 **c** (제), **d** (데), **g** (게)로 시작하는 어미를 만나면
c (제)는 **ç** (체)로, **d** (데)는 **t** (테)로, **g** (게)는 **k** (케)로 각각 바뀌게 됩니다.

바로 이것이 터키어의 '자음조화'입니다.
즉, 무성자음으로 끝나는 단어가 유성자음으로 시작하는 어미를 만나면
유성자음이 무성자음으로 바뀌는 현상입니다.

● **kitap [키탑]** 책, **uçak [우착]** 비행기, **da [다]** ~에서
kitapta (kitap + da = kitapta), uçakta (uçak + da = uçakta)

T03-07 **kitap**
[키탑] 책

T03-08 **kitapta**
[키탑따] 책에서

T03-09 **uçak**
[우착] 비행기

T03-10 **uçakta**
[우착따] 비행기에서

3rd Split. 터키어의 **발음 규칙**

3rd Split. 터키어의 발음 규칙 ❹ 터키어의 모음-자음조화

ç (체), **k** (케), **p** (페), **t** (테) 같은 무성자음으로 끝나는 단어에 모음으로 시작하는 어미가 오면, 그 단어 끝에 있는 무성자음 **ç** (체)는 **c** (제)로, **k** (케)는 **ğ** (유무샤 게)로, **p** (페)는 **b** (베)로, **t** (테)는 **d** (데)로 각각 변화하게 됩니다. 이런 현상을 터키어의 '모음-자음조화'라고 합니다. 즉, 어미가 붙는 과정에서 양 모음 사이에 무성자음 **ç** (체), **k** (케), **p** (페), **t** (테)가 오면 유성자음으로 각각 바꾸어 표기해야 합니다.

● ı [으] ~을/를, **kitabı (kitap + ı = kitabı), uçağı (uçak + ı = uçağı)**

T03-11 **kitap**
[키탑] 책

T03-12 **kitabı**
[키타브] 책을

T03-13 **uçak**
[우착] 비행기

T03-14 **uçağı**
[우차으] 비행기를

터키어에서 '-을/를'의 뜻을 가진 목적격어미를 붙일 때에도 모음조화의 원칙에 따라 단어의 끝 모음과 같은 그룹에 속하는 모음을 고르면 됩니다. 즉, 목적격어미는 모음 그룹에서 하나씩을 가져다가 **-ı, -i, -u, -ü** 중에서 어울리는 모음 하나를 택해서 붙입니다.
(단어의 끝모음이 **e**나 **i**로 끝나면 **i**를, **a**나 **ı**로 끝나면 **ı**를, **o**나 **u**로 끝나면 **u**를, **ö**나 **ü**로 끝나면 **ü**를 택합니다.)

이때 모음충돌이 발생하면 매개자음 **y** (예)를 사이에 넣어 이를 방지합니다.

이상의 단어들에 목적격어미 **-ı, -i, -u, -ü** 중에서 모음조화에 맞는 어미는 **-ı**가 되므로 **kitapı** (키타프)와 **uçakı** (위차크)가 되지만, 모음-자음조화 대상입니다. 그러므로 목적격어미를 붙이다보니 양모음 사이에 무성자음 **p** (페), **k** (케)가 오게 되었습니다. 이 상황에서 **p** (페)는 **b** (베)로, **k** (케)는 **ğ** (유무샥 게)로 바꾸어 표기하고 발음해야 합니다.
(물론 나중에 변화된 단어를 원래의 단어로 복귀시키는 것도 같은 방식으로 환원시켜야 합니다.)

3rd Split. 터키어의 발음 규칙
❺ 터키어의 연음법칙

ev [에브], **okul** [오쿨]에 어미가 붙어 **evi** (집을), **okulu** (학교를)가 되었을 때의 발음법은 [엡이]가 아니라 [에비], [오쿨우]가 아니라 [오쿨루] 하는 식으로 부드럽게 연결해서 읽어야 합니다. 이것을 터키어 발음법에서는 연음법칙이라고 합니다. 터키어의 모든 발음은 연음법칙이 적용됩니다.

● **okul [오쿨]** 학교

T03-15 **evi**
[에비] 집을

T03-16 **okulu**
[오쿨루] 학교를

3rd Split.
터키어의 **발음 규칙**

3rd Split. 터키어의 발음 규칙
❻ 3rd Split.의 핵심단어 발음연습 코너!

● **3rd Split.**의 '핵심단어'를 연습합니다.

T03-01 **bakkal**
[박칼] 가게

T03-02 **bakkala**
[박칼라] 가게로

T03-03 **bakkalı**
[박칼르] 가게를

T03-04 **ev**
[에브] 집

T03-05 **eve**
[에베] 집으로

T03-06 **evi**
[에비] 집을

T03-07 **kitap**
[키탑] 책

T03-08 **kitapta**
[키탑따] 책에서

T03-09 **uçak**
[우착] 비행기

T03-10 **uçakta**
[우착따] 비행기에서

3rd Split.의 '핵심단어'를 연습합니다.

T03-11 **kitap**
[키탑] 책

T03-12 **kitabı**
[키타브] 책을

T03-13 **uçak**
[우착] 비행기

T03-14 **uçağı**
[우차으] 비행기를

T03-15 **evi**
[에비] 집을

T03-16 **okulu**
[오쿨루] 학교를

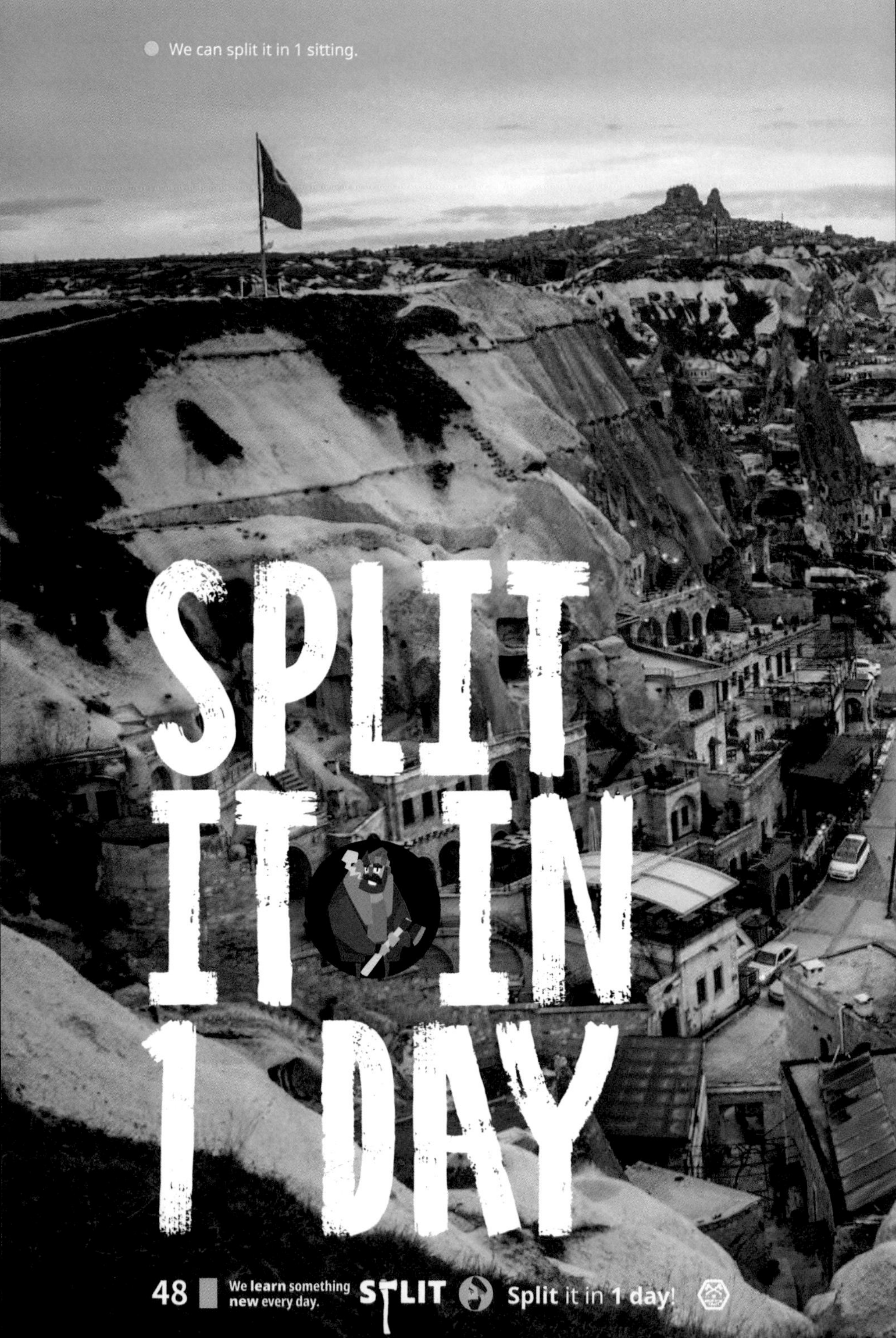
We can split it in 1 sitting.
SPLIT
IT IN
1 DAY

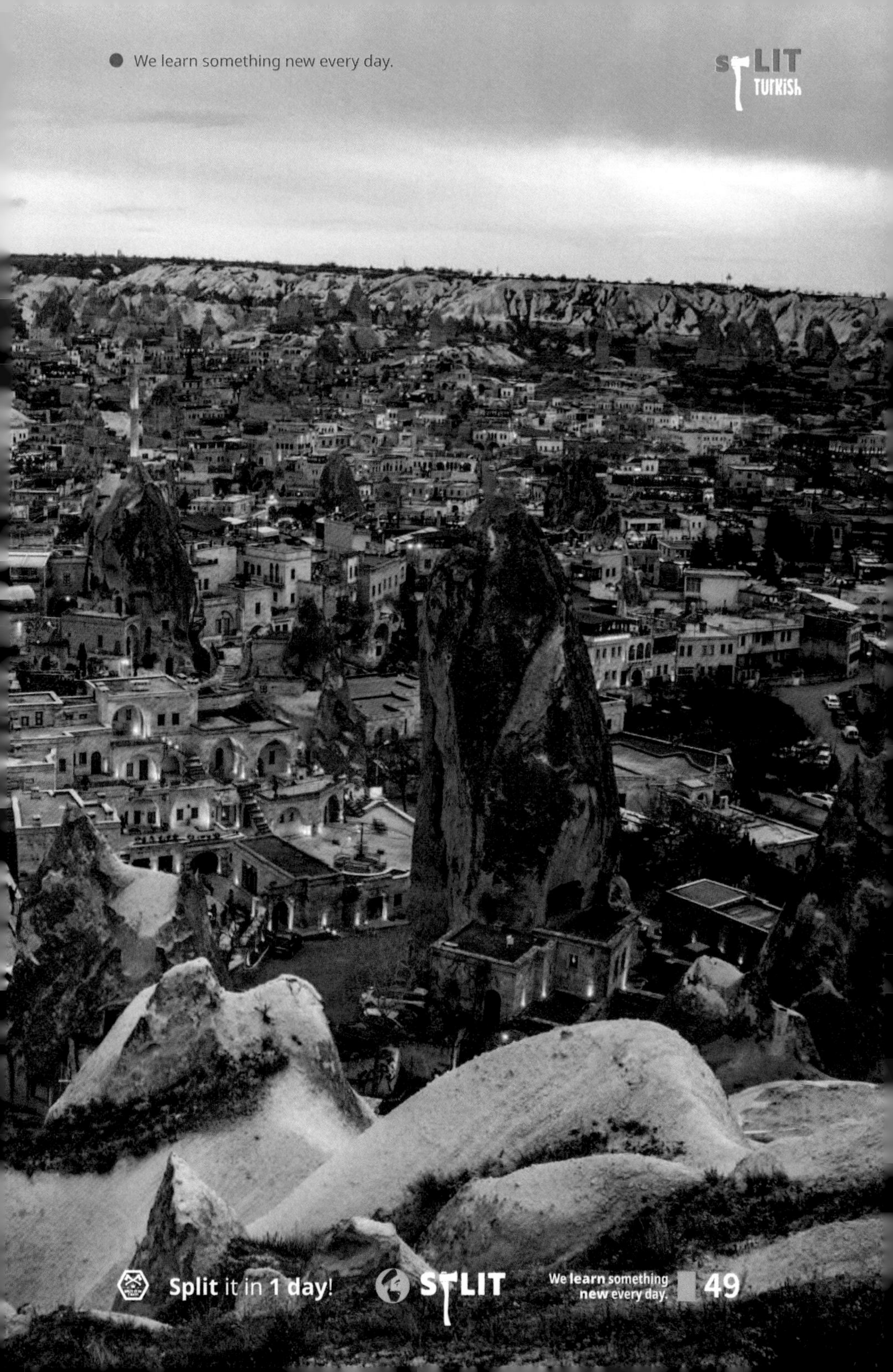

We can split it in 1 sitting.

4th Split

SPLIT it in 1 day

4th Split.
터키어의 **인사표현**

터키어의 발음법을
'인사표현'으로 확인하는 시간입니다.

4th Split.
터키어의 **인사표현**

4th Split. 터키어의 인사표현
❶ 국가대표급 터키어 인사표현

● **Selamün aleyküm.** [쎌라뮌 알레이큠.]
'평안이 당신에게 임하기를 기원합니다!'라는 대표적인 인사말입니다. 많은 사람이 이슬람식 인사말로 알고 있지만, 사실은 이슬람 이전부터 사용했던 표현입니다. 원래는 유목민들끼리 상대에게 적대감이 없음을 알리는 의미로 사용되었습니다. 이후 이슬람이 태동하고부터 아랍 사람들은 '앗살람 알라이쿰'으로 사용하였습니다. 거리에서 마주치거나 집을 방문할 때 처음으로 하는 인사말입니다. 급할 때는 그냥 간단히 **Selam!**이라고도 합니다.

T04-01

Selamün aleyküm.
[쎌라뮌 알레이큠.] 안녕하세요.

이와 함께 베스트 공동 1위 표현이라고 할 수 있는 인사 표현이 있습니다. 생전 처음 만나는 사람에게도 **Merhaba.** [메르하바], 엘리베이터를 타면서도 **Merhaba.**, 식당에 들어가면서도 **Merhaba.**, 방금 만났어도 또 **Merhaba.** 가장 자주, 어느 상황에서나 사용할 수 있는 인사표현이 바로 **Merhaba.** [메르하바.] (안녕하세요.)입니다.

T04-02 **Merhaba.**
[메르하바.] 안녕하세요.

물론 터키어에도 시간대별 인사표현이 따로 존재합니다.

T04-03 **Günaydin.**
[귀나이든.] 안녕하세요. (아침인사)

T04-04 **İyi sabahlar.**
[이이 사바흐라르.] 좋은 아침 되세요.

T04-05 **İyi günler.**
[이이 귄레르.] 좋은 날 되세요.

T04-06 **İyi akşamlar.**
[이이 악샴라르.] 좋은 저녁 되세요.

T04-07 **İyi geceler.**
[이이 게제레르.] 좋은 밤 되세요.

4th Split.
터키어의 **인사표현**

‘굿 모닝’을 닮은 아침인사를 제외하면 나머지 모든 인사표현이 **iyi** [이이] (좋은)와 시간표현, 아침 (**sabah**) [싸바흐], 낮 (**gün**) [귄], 저녁 (**akşam**) [악샴], 밤 (**gece**) [게제]로 이루어져 있습니다.

아울러 시간표현의 끝에 모두 **-lar** 혹은 **-ler**가 붙어 있는데, 이는 명사의 복수형어미, 즉 ‘~들’이라는 뜻입니다. 인사표현을 만드는 방법이 흥미롭습니다.

4th Split. 터키어의 인사표현
❷ 터키어의 서바이벌 표현

Merhaba. [메르하바.] (안녕하세요.)만큼이나 잘나가는 국가대표급 표현이 있습니다. 영어의 **I want ~** 에 해당하는 표현으로 바로 **istiyorum** [이스티요룸] (~을/를 원합니다/주십시오)입니다. 원하는 단어 다음에 붙여주면 공손한 형태로 사용할 수 있습니다.

● **su [수]** 물, **yoğurt [요루트]** 요구르트,
döner kebap [되네르 케밥] 되네르 케밥

T04-08

Su istiyorum.
[수 이스티요룸.] 물 주세요.

T04-09 **Yoğurt istiyorum.**
[요루트 이스티요룸.] 요구르트 주세요.

T04-10 **Döner kebap istiyorum.**
[되네르 케밥 이스티요룸.] 되네르 케밥 주세요.

4th Split. 터키어의 인사표현
❸ 터키어의 감사표현

하루 중 가장 많이 사용하는 감사의 표현, **Sağ ol.** [싸 올.]이 있습니다. 기존에 출판된 대부분의 책에서는 **Sağ ol.**을 단순히 '감사합니다.' 혹은 '고마워요.' 정도로만 소개하고 있습니다만, 사실 **Sağ ol.**의 원래 뜻은 '건강하세요.'입니다. 시간이 흘러 자연스럽게 '고맙다'는 인사말로 바뀐 말입니다.

T04-11 **Sağ ol.**
[싸 올.] 고마워.

T04-12 **Sen de sağ ol.**
[쎈 데 싸 올.] 나도 고마워.

4th Split.
터키어의 **인사표현**

4th Split. 터키어의 인사표현
❹ 터키어의 어순

터키어는 우리 한국 사람이 배우기에 결코 어렵지 않습니다.
그 결정적인 이유는 '어순이 우리말과 같다!'는 사실입니다.

예를 들면 영어의 **Give me a pencil.** (주세요 나에게 하나의 연필을.)이 터키어로는 다음과 같다는 것입니다.

● **bana [바나]** 나에게, **kalemi [칼레미]** 연필을, **ver [베르]** 주세요

T04-13

Bana kalemi ver.
[바나 칼레미 베르.] 나에게 연필을 주세요.

어순이 같다는 점은 우리말과 터키어의 연관성을 생각해 볼 수 있으며,
사실 우리말처럼 터키어 역시 '알타이어'에 속합니다.
같은 알타이어 어족이라는 것입니다.
알타이어족이 반갑고 고마운 이유는 '교착어',
즉 문장을 만들 때 단어의 배열 순서 때문입니다.

바로 이런 이유 때문에 세계에서 가장 빨리 터키어를 배우는 사람들이 바로 우리 한국인이라는 것입니다. 그러니까 터키어는 우리가 그냥 평소에 생각하던 대로 단어를 배열하면 그대로 완벽한 터키어가 된다는 것입니다.

새로운 외국어를 처음 배우는 사람에게
이것보다 더 좋은 어드밴티지는 없을 것입니다.

4th Split.
터키어의 **인사표현**

4th Split. 터키어의 인사표현
❺ 4th Split.의 핵심단어 발음연습 코너!

● **4th Split.**의 '핵심단어'를 연습합니다.

T04-01 **Selamün aleyküm.**
[쎌라뮌 알레이큄.] 안녕하세요.

T04-02 **Merhaba.**
[메르하바.] 안녕하세요.

T04-03 **Günaydin.**
[귀나이든.] 안녕하세요.

T04-04 **İyi sabahlar.**
[이이 사바흐라르.] 좋은 아침이요.

T04-05 **İyi günler.**
[이이 귄레르.] 좋은 날 되세요.

T04-06 **İyi akşamlar.**
[이이 악샴라르.] 좋은 저녁 되세요.

T04-07 **İyi geceler.**
[이이 게제레르.] 좋은 밤 되세요.

T04-08 **Su istiyorum.**
[수 이스티요름.] 물 주세요.

T04-09 **Yoğurt istiyorum.**
[요루트 이스티요룸.] 요구르트 주세요.

T04-10 **Döner kebap istiyorum.**
[되네르 케밥 이스티요룸.] 되네르 케밥 주세요.

4th Split.의 '핵심단어'를 연습합니다.

T04-11 **Sağ ol.**
[싸 올.] 고마워.

T04-12 **Sen de sağ ol.**
[쎈 데 싸 올.] 나도 고마워.

T04-13 **Bana kalemi ver.**
[바나 칼레미 베르.] 나에게 연필을 주세요.

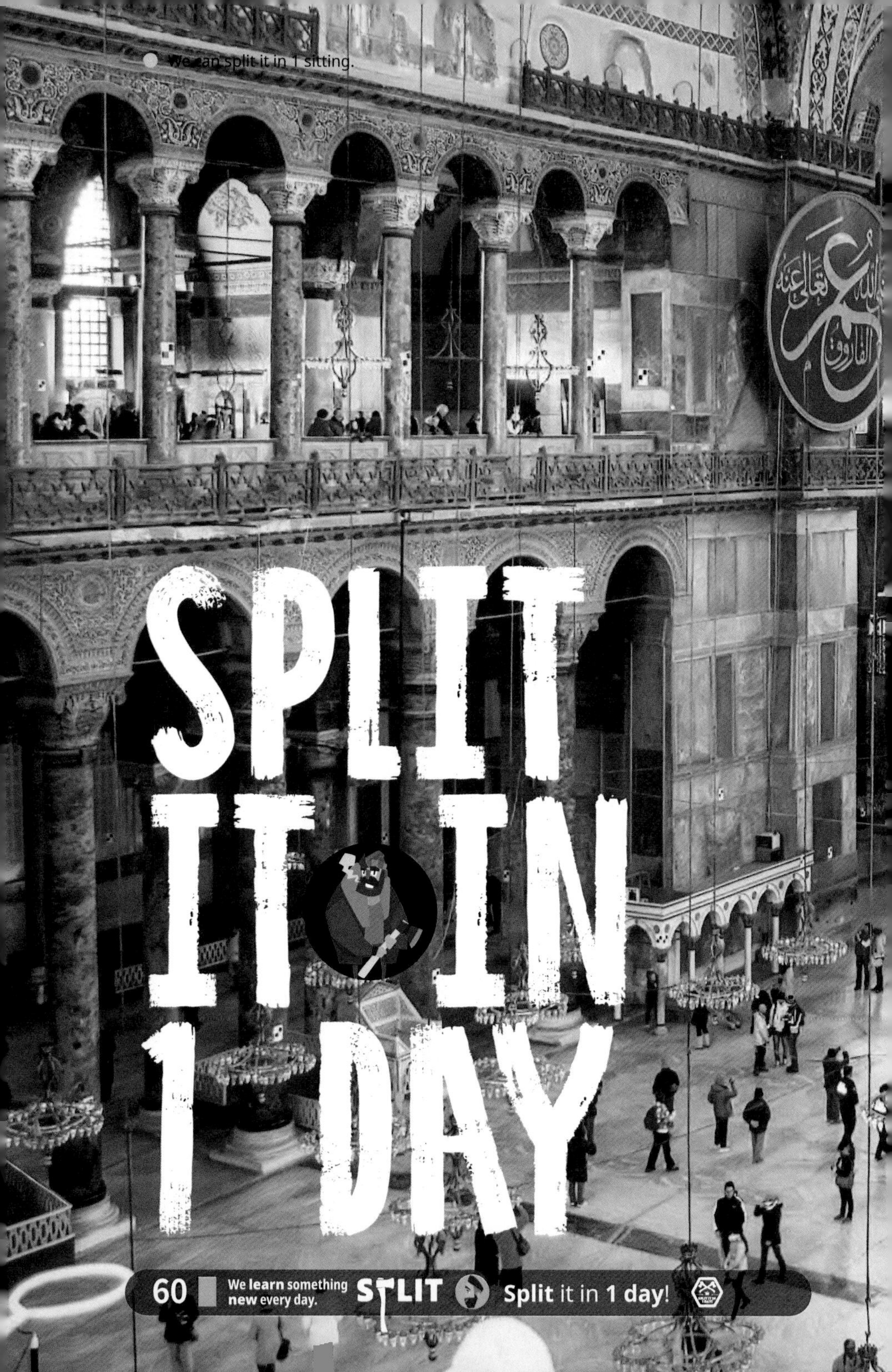
We can split it in 1 sitting.
SPLIT
IT IN
1 DAY

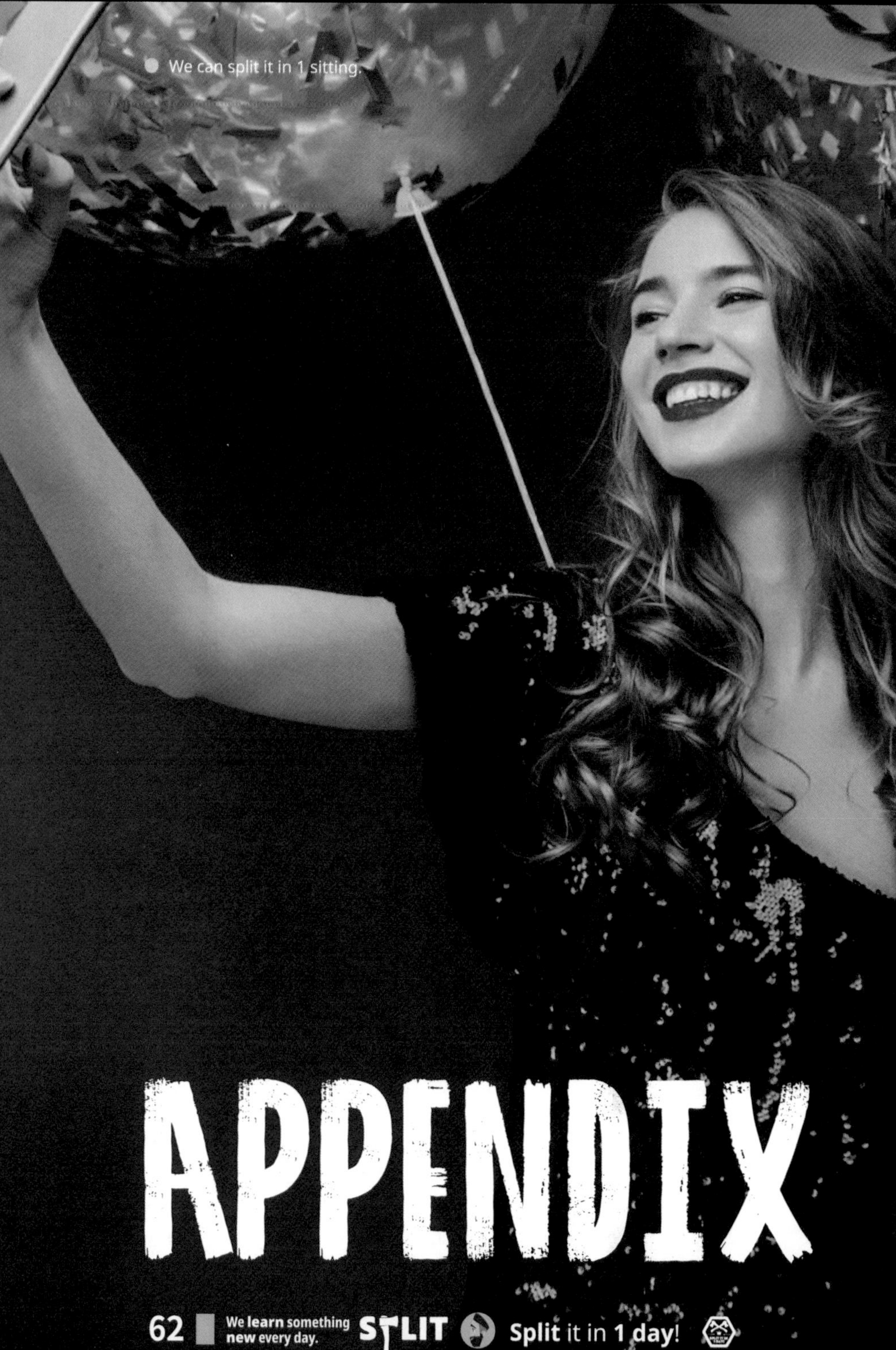
We can split it in 1 sitting.

APPENDIX

SPLIT it in 1 day

부록:
터키어의 **알파벳**과 **발음법** 복습

부록편에서는 지금까지 배운
터키어의 알파벳과 발음법을 활용하여
가장 중요한 터키어 숫자 읽기와
의문사 표현들을 정리하여
정확한 발음으로 연습해보겠습니다.

Appendix
터키어의 **알파벳**과 **발음법 복습**

부록 : 터키어의 알파벳과 발음법 복습
❶ 터키어의 숫자로 발음법 간단 확인!

지금까지 배운 알파벳과 발음법을 상기하며 터키어 숫자를 연습해 보겠습니다.

TA1-01 **sıfır** [스프르] 0

TA1-02 **on** [온] 10

TA1-03 **yirmi** [이르미] 20

TA1-04 **yirmi bir** [이르미 비르] 21

TA1-05 **yirmi iki** [이르미 이키] 22

TA1-06 **otuz** [오투쓰] 30

TA1-07 **kırk** [크륵] 40

TA1-08 **elli** [엘리] 50

TA1-09 **altmış** [알트므쉬] 60

TA1-10 **yetmiş** [옛미쉬] 70

지금까지 배운 알파벳과 발음법을 상기하며 터키어 숫자를 연습해 보겠습니다.

TA1-11 **seksen**
[쎅쎈] 80

TA1-12 **doksan**
[독싼] 90

TA1-13 **yüz**
[위쓰] 100

TA1-14 **yüz bir**
[위쓰 비르] 101

TA1-15 **bin**
[빈] 1000

TA1-16 **altmış dokuz**
[알트므쉬 도쿠쓰] 69

TA1-17 **üç yüz elli yedi**
[위츠 위쓰 엘리 예디] 357

Appendix
터키어의 **알파벳**과 **발음법 복습**

부록 : 터키어의 알파벳과 발음법 복습
❷ 터키어의 의문사 표현 연습!

● 의문사 하나로 터키어 문장을 대신할 수 있습니다.

TA2-01 **Kim?**
[킴?] 누가?

TA2-02 **Ne zaman?**
[네 싸만?] 언제?

TA2-03 **Nerede?**
[네레데?] 어디서?

TA2-04 **Ne?**
[네?] 뭐?

TA2-05 **Nasıl?**
[나쓸?] 어떻게?

TA2-06 **Niçin?**
[니친?] 왜?

TA2-07 **Neden?**
[네덴?] 왜?

TA2-08 **Kimin?**
[키민?] 누구 것입니까?

TA2-09 **Neden?**
[네덴?] 왜?

TA2-10 **Hangisi?**
[한기씨?] 어느 것입니까?

● 6하원칙 의문사를 포함하여 모든 의문사는 그 자체만으로도 문장이 됩니다.

TA2-11

Ne kadar?

[네 카다르?] 얼마입니까?

We can split it in 1 sitting

퍼스널 브랜딩의 가장 강력한 해결'책'!
'하루에 쪼갠다 시리즈'의 저자가 되어 주십시오!

여러분의 모든 노하우/경험을
'하루에 쪼갠다 시리즈'로 만들어 드립니다.

부크크에서 무료 출판의 기회를 만나십시오!
A4 용지 40~50매 이내의 원고를 보내주십시오!
여러분의 모든 이야기를 엔베르겐이
멋진 책으로 만들어 드립니다!
최고 품질의 내지 편집과 표지 디자인을
완전 부담 없는 비용으로 해결할 수 있습니다!

마음이 좋아지는 책을 만듭니다.
문의 주시면 친절하게 안내 말씀 드립니다.
여러분의 엔베르겐입니다.
enbergen3@gmail.com

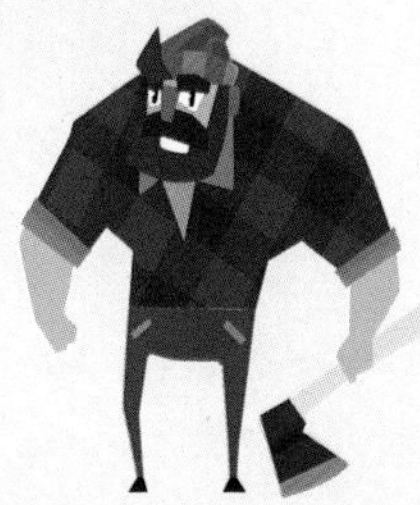

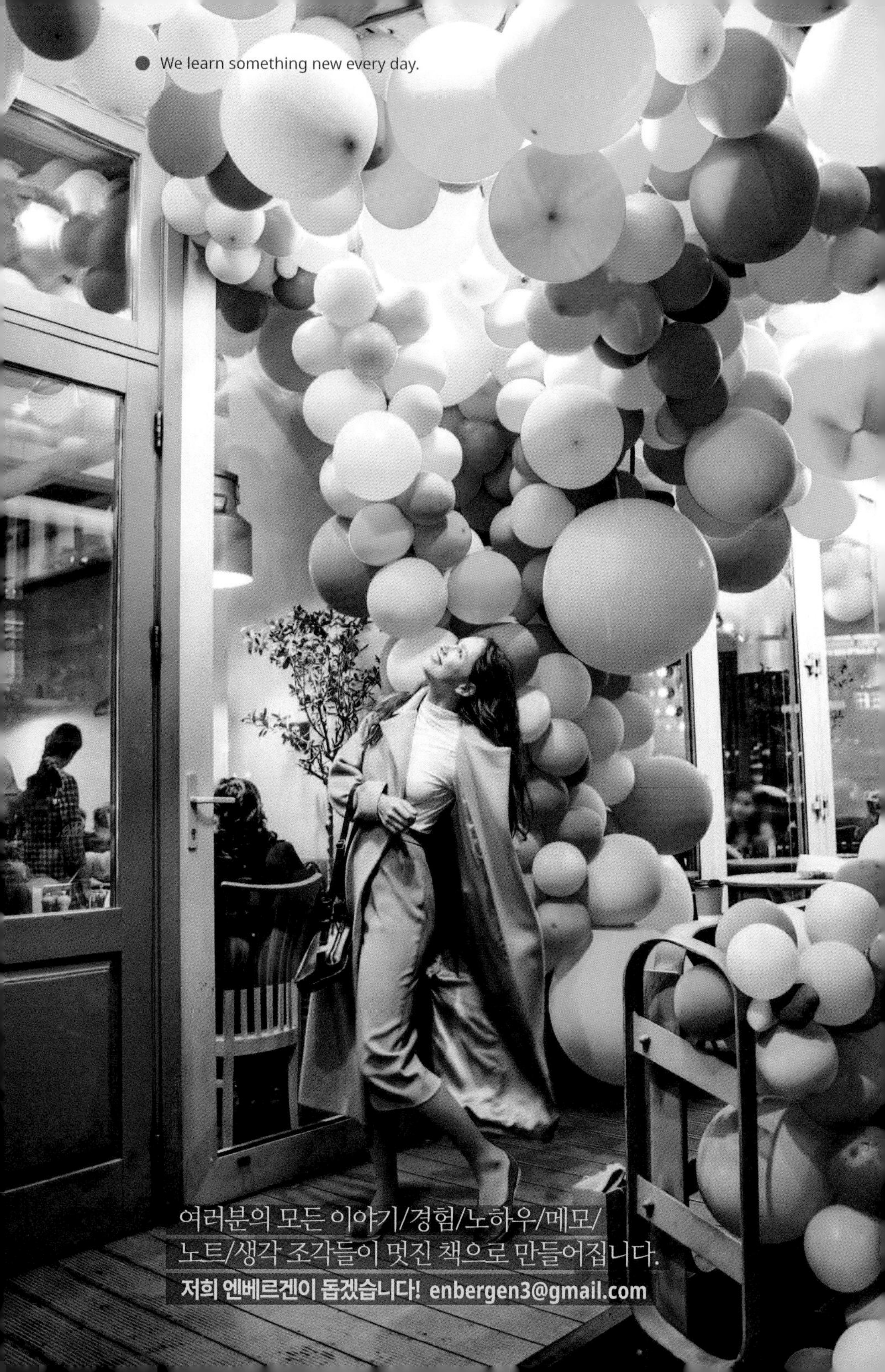

We learn something new every day.

여러분의 모든 이야기/경험/노하우/메모/
노트/생각 조각들이 멋진 책으로 만들어집니다.